Mary Miss

Mary Miss
Costruire luoghi

a cura di Christian Zapatka
foto di Mary Miss

Motta Architettura

In copertina Senza titolo, 1973
Battery Park City Landfill, New York
(particolare)

Collana Motta Architettura

Direzione
Pierluigi Nicolin

Coordinamento redazionale
Guia Sambonet

Progetto grafico
Giorgio Camuffo / Gaetano Cassini

Traduzione
Matteo Codignola

 Realizzazione editoriale
Federico Motta Editore SpA
Milano

© 1996
Federico Motta Editore SpA Milano
Proprietà artistica e letteraria riservata
per tutti i paesi.
Ogni riproduzione, anche parziale,
è vietata.

Prima edizione
novembre 1996

ISBN 88-7179-110-X

Le fotografie del volume sono
di Mary Miss, tranne quelle a pagina
42, della Max Protech Gallery;
alle pagine 60, 61, di Susan Zurcher;
e alle pagine 82, 83, di Helene Binet.

Si ringrazia Alan Zapatka
per il contributo all'impostazione
grafica del volume.

L'arte del coinvolgimento nell'opera di Mary Miss
Christian Zapatka

Il contesto minimalista e postminimalista
Reazioni e risposte all'ambiente fisico
Natura e artificio

La Terra è l'assidua-infaticabile-non-costretta. Su di essa, e in essa, l'uomo storico fonda il suo abitare nel mondo. Esponendo un mondo, l'opera pone-qui la Terra. Il porre-qui è assunto nel significato rigoroso del termine. L'opera pone e mantiene la Terra nell'aperto di un mondo. L'opera lascia che la Terra sia una Terra[1].

Dall'analisi che Heidegger dedica ai rapporti fra la materialità e il lavoro dell'artista emerge una visione dell'arte come costruzione di un mondo. Per Heidegger la pietra, il legno o il metallo dello scultore vengono dalla terra e alla terra ritornano, così da lasciare "che la Terra sia una Terra"[2]. Naturalmente, la costruzione di un mondo coi materiali *del* mondo è da sempre uno dei tratti salienti dell'arte. Le affermazioni di Heidegger assumono tuttavia particolare rilievo nel caso di alcuni artisti che, negli ultimi anni, hanno usato i materiali della terra proprio per rendere la loro opera parte della terra. E con l'affermarsi di un movimento che tende a usare l'ovvio, cioè i materiali a disposizione, è tornata in primo piano la questione del familiare o dell'esistente, messa a tacere nel periodo del Modernismo.

Nel suo saggio *Sculpture in the Expanded Field*[3] Rosalind Krauss sostiene che, dopo il periodo di incertezza attraversato dalla scultura negli anni Cinquanta, un gruppo di artisti tra cui Robert Smithson, Robert Morris, Alice Aycock, Carl Andre e Mary Miss ha intrapreso un lavoro che si potrebbe definire "costruzione di sito"[4]. Krauss applica il termine all'asse complesso tra paesaggio e architettura da lei stessa tracciato all'interno di un diagramma di Klein[5] e, poco più avanti, fa anche notare come la scultura abbia ormai raggiunto uno stadio che si può considerare "postmoderno"[6]:

Il nuovo si presenta in una veste rassicurante, perché se si dimostra come sia, in realtà, un'evoluzione di forme del passato, ecco che assume una fisionomia familiare. Lo storicismo interviene sul nuovo e

1 Martin Heidegger, "L'origine dell'opera d'arte", in *Sentieri interrotti*, La nuova Italia, Firenze, 1984, p. 31.
2 Heidegger, cit.
3 in *October 8*, primavera 1979.
4 Rosalind Krauss, "Sculpture in the Expanded Field", in *The Anti-Aesthetic*, a cura di Hal Foster, Bay Press, Seattle-Washington, 1983, p. 38.
5 Ibid.
6 Ibid., p. 39.

Photo/Drawing Study, 1990

sul diverso per attenuare la novità e mitigare la differenza... E noi siamo rassicurati da questa percezione dell'identità, da questa strategia che riduce tutto ciò che ci è estraneo, nel tempo o nello spazio, a ciò che già conosciamo e siamo[7].

Il termine "postmoderno", quindi, si applica a quest'arte in un senso che non è solo temporale, in quanto pone anche il problema di cosa significhi prendere a prestito dal passato e rifarsi al già noto. Ovviamente, la natura si annida nell'inconscio, e riferirvisi nelle forme che le sono proprie è quindi, in qualche misura, automatico. Ma nel lavoro di questi artisti la materialità della natura e la "Terra custodente" vengono insistentemente, esplicitamente evocate. Grazie ai progetti che ne sono diventati, col tempo, la cifra visiva – una serie di costruzioni effimere, con una forte qualità architettonica –, Mary Miss può essere considerata uno di quegli artisti che, tra la fine degli anni Sessanta e l'inizio del decennio successivo, hanno contribuito a ridefinire il concetto stesso di scultura.

Occorre tuttavia precisare che il lavoro di Mary Miss occupa una posizione a sé. A differenza dei minimalisti, che in genere si sono dedicati a singoli, grandi pezzi astratti, Miss ha tentato di costruire non *oggetti*, ma *luoghi*. In teoria, questo approccio dovrebbe consentire a spazio e memoria di condensarsi in forme che comincino a suggerire qualcosa che le trascende, ad affermare qualcosa che non sia soltanto la propria esistenza oggettiva. In contrasto con le forme monolitiche di artisti quali David Smith, Donald Judd e Richard Serra, i progetti di Miss rappresentano altrettanti tentativi di coinvolgere l'osservatore costruendo non un monumento totemico, ma un intero ambiente. Questo non significa che nel lavoro degli altri artisti le reazioni dell'osservatore rivestano un ruolo meno importante. Robert Morris, ad esempio, ha detto:

> Nell'estetica più recente l'oggetto è solo uno dei termini in gioco. L'altro è l'osservatore, ora chiamato a uno scambio più "riflessivo" con un oggetto la cui apparenza è decisa dall'emergere dei rapporti interni, cioè di quel gioco complesso di misura, superficie, volume, materiale, colore e spazio in cui ogni tipo di scultura, soprattutto se astratta, si manifesta[8].

In tutti gli artisti che abbiamo citato sopravviveva il presupposto implicito che le loro opere sarebbero state viste in uno spazio definito, in genere quello di una galleria o di un luogo pubblico ben preciso, dove la loro presenza sarebbe inevitabilmente stata il segno visivo più forte; e che inoltre la solidità e l'opacità che in genere si associano alla scultura, e che sono ovviamente dovute alla durezza del metallo e della pietra, non avrebbero in alcun modo consentito all'osservatore di occuparne le forme. L'osserva-

7 Ibid., p. 31.
8 A.M. Wagner, Introduzione a *Minimal Art*, a cura di Gregory Battock, Berkeley University of California Press, 1995, p. 14.

tore avrebbe insomma tutt'al più potuto diventare parte dello spazio definito dall'oggetto, ma in nessun modo penetrarne forma e materialità. Nelle costruzioni di Mary Miss – spesso realizzate con materiali più duttili, o addirittura trasparenti, quali legno, corda, tela o rete – la possibilità di abitare le forme sembra, al contrario, esistere. In questo senso, il concetto heideggeriano di arte come parte della "Terra custodente" trova una conferma. Qui, le forme che vengono dalla terra alla terra ritornano, per diventarne parte e formare una sorta di residenza.

Perimeters/Pavillons/Decoys (1978) e *Field Rotation* (1980-81), due fra i progetti più celebri di Mary Miss, costituiscono un'eccellente illustrazione di questo fenomeno. In entrambi i casi gli scavi in profondità suggeriscono l'idea di un rifugio, e il legno grezzo con cui sono realizzate fa sembrare le forme abitabili.

Nella sua prefazione del 1995 alla ristampa di *Minimal Art*, la raccolta di saggi di Gregory Battock originariamente pubblicata nel 1968, Ann Wagner ci ha ricordato come il marchio di fabbrica del minimalismo fosse la sua oggettività. E se per certi versi il lavoro di Mary Miss può essere accostato alle opere della scuola minimalista, cui lo accomunano una serie di caratteristiche, l'essenza dell'identità minimalista – quella sorta di oggettività per l'oggettività – è precisamente ciò da cui Miss rifugge.

Negli anni Settanta, le donne erano praticamente escluse dal sistema delle gallerie. Oltre all'avversione per la qualità oggettiva del minimalismo, è stato probabilmente questo dato di fatto che ha spinto Miss a concepire i suoi progetti in esterni. Quali che ne siano state le cause, si è trattato di una scelta che ha dischiuso a Miss un intero campo di potenzialità, consentendole di sottrarsi al tempo stesso all'orientamento oggettivo del minimalismo e ai vincoli imposti dall'ambiente delle gallerie. Nel suo fondamentale *Art and Objecthood*[9], Michael Fried ha notato come in tutti i lavori minimalisti esposti nelle gallerie fosse evidente un certo grado di teatralità, una sorta di presenza scenica. Questa "scenicità" era un'altra delle condizioni da cui Miss cercava di allontanarsi construendo luoghi che sarebbero stati vissuti come ambienti, e che eventualmente avrebbero anche chiamato in causa la memoria dell'osservatore. Indubbiamente, fuori dal "teatro" delle gallerie, nel contesto molto meno limitato di un esterno, le possibilità di coinvolgimento dello spettatore sarebbero state molto più forti. In esterni, lo spettatore non deve soggiacere alle condizioni imposte dalle quattro pareti, ed è invece libero di abbandonarsi alle proprie reazioni. È sufficiente, ad esempio, un piccolo spostamento degli occhi perché lo sguardo si sposti dall'oggetto, o dagli oggetti, al paesaggio. Al contrario, la finitezza spaziale della galleria postula, tutt'al più, che l'osservatore si lasci prendere nel gioco prospettico. Come ha fatto notare Wagner: "Molte opere minimaliste potrebbero essere considerate oggetti visivi che materializzano (o meno) una tradizione di rappresentazione prospettica attraverso una sorta di materializzazione delle sue forme[10]".

9 in *Minimal Art*, cit.
10 Wagner, cit.

Mentre da una parte, quindi, Miss coinvolge lo spettatore in un "gioco prospettico" con l'oggetto di cui è lei stessa a fissare le regole, dall'altra gli concede una gamma molto più ampia di reazioni. Per Miss ciò che conta non è tanto il confronto, quanto il coinvolgimento. Naturalmente alcuni suoi progetti, come quello senza titolo del 1973 per il Battery Park di New York, postulano l'allineamento prospettico come visione ottimale, ma in questo caso la differenza risiede nell'ampiezza stessa del campo visivo: la cornice di riferimento esiste, ma per apprezzare l'opera non è necessario servirsene. Tutto questo si nota ancora di più nelle vedute aeree del progetto. Una serie di costruzioni a w fatte di tavole di legno sovrapposte nel senso della lunghezza, che in qualche modo ricordano i pannelli per le affissioni, sono perforate da giganteschi buchi, che nelle prime lambiscono con qualche azzardo il bordo superiore della tavola più alta, mentre in quelle successive scendono a poco a poco fin quasi ad affondare nel terreno. Disposti a intervalli di una quindicina di metri su una radura che sorge su un terrapieno di Lower Manhattan, questi oggetti possono essere sia affrontati direttamente che ignorati: nulla impedisce infatti all'osservatore di rivolgere lo sguardo al contesto più ampio della città o, in lontananza, al panorama del New Jersey.

È probabile che la frattura più importante nel lavoro di Miss, quella che l'ha allontanata dalla tradizione minimalista, sia stato il suo uso delle forme preesistenti, o quantomeno di elementi che potevano essere associati al preesistente. Il suo campo di battaglia è così diventato la sfera della comprensione inconscia. Questa decisione è andata di pari passo con un ritorno al sito. Tracciando l'evoluzione della scultura nel ventesimo secolo, Rosalind Krauss ha collegato la perdita del sito col Modernismo: a rendere al tempo stesso monumentale e nomadica[11] la scultura modernista sarebbe infatti stata la sua astrazione autoreferenziale, priva di radici nello spazio. È proprio contro quest'identità duale della scultura modernista che Miss ha tentato di costruire luoghi, ambienti di cui l'individuo fosse in condizione di stabilire la natura. I *Photo/Drawings* che accompagnano questo saggio sono un buon esempio dell'interesse di Mary Miss per le forme esistenti. Si tratta di immagini che documentano luoghi reali, ma al tempo stesso mettono a nudo il processo creativo attraverso il quale la visione astratta dell'artista riesce a trasformare l'esistente in qualcosa di nuovo.

In un'intervista a Peter Eisenmann, Richard Serra ha sostenuto con buoni argomenti, e molta passione, che la reazione al sito è un passaggio decisivo nella creazione di qualcosa di nuovo. Secondo Serra, quasi tutti gli architetti che inizialmente lavorano in studio, e solo in un secondo momento vanno a collocare la loro opera nel sito, finiscono per fare qualcosa che ricorda una scatoletta di cartone poggiata a terra[12]. Anche Miss reagisce direttamente alla terra, ma fa compiere a questo stesso presupposto teorico due passi avanti, il primo incorporando la terra, e a volte addirittura i resti di un sito, nel progetto, e il secondo rendendo l'opera fisicamente accessibile. La differenza tra un progetto di Miss e uno di Serra è molto netta. Mentre in Serra vediamo gesti di straordinario equilibrio sostenuti da spessi fogli di acciaio, oltre alla forte demarcazio-

11 Krauss, cit.
12 Intervista con Peter Eisenman, *Richard Serra Writings Interviews*, Chicago, University of Chicago Press, 1984.

ne di un luogo e a una reazione molto sottile all'ambiente, in Miss scorgiamo la possibilità – in qualche misura dovuta ai materiali impiegati, in genere legname grezzo da costruzione – che l'osservatore si insedi, psicologicamente, nel luogo creato. Con le sue cornici di legno, le sue superfici di ghiaia o d'acqua, i posti a sedere e così via – tutte soluzioni molto lontane dalla durezza del cemento e dell'acciaio tipici della scultura minimalista – il luogo è con tutta evidenza più accessibile e tattile. Ed è proprio l'accessibilità a sfidare la posizione del soggetto/osservatore postulata dal minimalismo. In *Pool Complex: Orchard Valley* (1982-85), ad esempio, lungo i bordi di una vecchia piscina corrono passerelle in legno, e sono installati quelli che sembrano posti di osservazione. Sia le une che gli altri non sono mere componenti del progetto, ma strumenti attraverso i quali il progetto stesso può essere visto, e che a loro volta entrano a far parte dell'ambiente circostante.

Un altro aspetto peculiare del lavoro di Miss è la manipolazione della terra. Mentre il lavoro di Serra è molto legato al sito, e traccia un segno forte sul territorio, nei progetti di Miss la terra viene manipolata come forma in sé, partecipa alla costruzione come forma plasmabile. In altre parole, Miss ricerca "un'integrazione totale tra forma e contesto", e lo dice esplicitamente: "Ogni pezzo a cui lavoro, in interni o in esterni che sia, è un'affermazione sul contenuto di quel luogo"[13].

I minimalisti usavano tutto lo spazio all'interno (o all'esterno) della galleria, o intorno all'oggetto, per ampliare la comprensione o la percezione fino a includere l'osservatore all'interno dell'opera, della presenza stessa dell'oggetto. Rinunciando allo spazio chiuso, Mary Miss ha ampliato considerevolmente il campo visivo. Tra la fine degli anni Settanta e i primi anni Ottanta il concetto di spazio esterno è diventato centrale nel suo lavoro, e oggi arriva a includere lo spazio urbano, che ha parametri spaziali molto più connotati. Lo spazio finito delle gallerie, che svolgeva un ruolo tanto importante nel lavoro dei minimalisti, per Miss non ha più alcun senso, neppure come parametro immaginario, o astratto, del lavoro in esterni. Il contesto spaziale è cambiato, e la città – la città nel senso più ampio – è entrata a farne parte. Anche l'osservatore non ha più una figura definita: non è più il frequentatore di gallerie alla ricerca di esperienze estetiche, ma semplicemente chiunque si trovi a passare di lì.

13 Intervista con Deborah Nevins, in The Princeton Journal 2, 1985, p. 102.

Costruire a memoria

Quello che mi attrae molto è cercare di collegare il noto con l'ignoto. Non mi spingerei a dire che il mio lavoro è creare un mondo immaginario. Piuttosto mi interessa esplorare i confini – fisici spaziali o emotivi – che diamo per scontati... Mi interessa molto cercare di capire perché spazi e strutture, anche se recuperati dal passato, ri-

mangono così potenti... Quando nel mio lavoro uso riferimenti storici non lo faccio né per lo storicismo in sé né per il gusto del collage arbitrario di elementi; sto solo cercando di identificare, all'interno di strutture storiche o locali, esperienze che possano essere trasposte nel nostro contesto... Voglio, e questo è il punto fondamentale, che il mio lavoro abbia un contenuto emotivo o psicologico in qualche modo toccante[14].

Con i loro riferimenti astratti a luoghi e oggetti conosciuti, o alle immagini che ci si aspetterebbe di vedere in un luogo costruito, le opere di Mary Miss possono essere considerate archetipiche. Spesso le nuove forme richiamano oggetti noti, ma in scala molto ridotta e astratta. L'uso delle forme, che appare stranamente familiare ma non del tutto collocabile, fa sì che i progetti riaffermino l'esplicità volontà, da parte dell'artista, di collegare il noto con l'ignoto, quindi di costruire luoghi in un ambiente che toccherà all'osservatore, e alle sue congetture visive, definire. Si tratta insomma di luoghi le cui forme possono anche essere familiari, ma alle cui associazioni si accede solo attraverso l'inconscio. Il progetto della *Sunken Pool* del 1974, ad esempio, è una costruzione di legno e metallo che ha un aspetto al tempo stesso funzionale e ricreativo. Potrebbe essere una cisterna per il gas, ma anche la vasca di una piscina per i tuffi. E qui trova conferma l'osservazione di Rosalind Krauss, secondo la quale sentirsi a proprio agio nel familiare sarebbe un fenomeno tipicamente postmoderno: anche se si può benissimo obiettare che, nella sua banalità, il quotidiano può essere altrettanto sinistro, e in realtà terrorizzare chi lo osserva[15]. Ma ciò che distingue il lavoro di Mary Miss è proprio lo sforzo di introdurre un elemento di ignoto attraverso il ricorso al noto. Sotto questo profilo, i suoi progetti sono in qualche modo sospesi fra gli spazi e la qualità di anticipazione, di possibile, che rende i luoghi su cui interviene così emozionanti.

Oltre a sviluppare progetti che evocano la memoria e il senso del luogo, Miss ha dichiarato di voler lavorare sulla transizione fra la grandezza e la scala degli ambienti costruiti e la scala umana, una transizione che sostiene di scorgere anche negli ambienti quotidiani: "Sul lato sud della Quattordicesima, ad esempio, dove le grandi casse, le file di vestiti e i banchi offrono una transizione fra il muro vuoto e il marciapiede". Con altrettanta convinzione Miss insiste sull'importanza di un contatto diretto con l'arte come qualità tangibile e con l'ambiente costruito, locale, nel quale si vive:

L'esperienza dell'arte deve essere diretta. Oggi il pubblico vive in un mondo di comunicazione elettronica (che forse attenua o scoraggia l'esperienza diretta). E intanto l'immagine dell'arte, veicolata dai media, rimane storica. L'arte è insomma qualcosa da etichettare per poi mettere da parte... L'importanza dell'esperienza reale rispetto a riproduzioni e simulazioni, un bisogno riconosciuto dalle culture

14 Intervista con Deborah Nevins, cit.
15 Per un ulteriore approfondimento di questa ipotesi vedi Anthony Vidler, *The Architectural Uncanny*, MIT, 1994, o Mark Wigley, *The Architecture of Deconstruction*, MIT, 1994.

marginali, è difficile da stabilire, oggi. Un'esperienza spaziale immediata, ma di carattere storico, è spesso possibile nell'architettura locale, nelle città storiche, nei giardini, e così via. Il problema è come reintrodurla nel mondo costruito in cui viviamo, come parlare alla contemporaneità usando l'immaginario e il vocabolario dell'ambiente che ci circonda.

Dagli studi dei *Photo/Drawings* emerge il forte interesse di Miss non solo per la terra, ma anche per la struttura. Che si tratti di un graticcio posato sopra un pozzo o delle rovine di un ponte, queste immagini danno il senso di un luogo dove qualcosa avrebbe potuto, o sta per, accadere. Grotte e vecchi lucernari, pozzi e soffitte di legno, steccati di bambù e fondazioni romane sono solo alcune delle strutture che Miss ha incluso nei suoi studi. Oltre che come taccuino di appunti, i *Photo/Drawings* servono a Miss come banca dati visuale. Uno schizzo mostra una serie di ruote e ingranaggi che fanno pensare a un antico sistema di ingegneria idraulica. Per elaborare i suoi progetti Miss si serve di un'enorme quantità di riferimenti e di immagini, ma il suo vero obiettivo è creare un'esperienza spaziale.

L'artista Tony Smith ci ha lasciato una descrizione memorabile di una corsa in macchina agli inizi degli anni Cinquanta sulla New Jersey Turnpike ancora in costruzione, quindi col fondo intatto, e senza luci né segnaletica. Smith sembra riviverla come un'esperienza ulteriore, rispetto all'arte, eppure interna alla sfera della consapevolezza – un atteggiamento che ha stranamente qualche tratto in comune con le reazioni di Miss all'ambiente. L'immagine del raccordo incompiuto è al tempo stesso molto attraente e molto allucinata. Fa pensare alle scene più costruite di certi film di Fellini o di Pasolini, in cui momenti privati anche molto intensi vengono vissuti, per così dire, nella sfera pubblica delle nuove autostrade. E quella dell'autostrada è un'immagine di cui a Miss non è sfuggito l'impatto nella cultura contemporanea:

16 In *Landscape Architecture*, 1990.

> Naturalmente le autostrade sono l'ambiente ideale per questo tipo di esperienza [del vedere i segnali]. La velocità è inebriante, e il viaggio, almeno all'inizio, trasmette parecchia eccitazione. Non so se nella vita di tutti giorni, nel mondo che abitiamo, riusciremo mai a dedicare la stessa attenzione a un oggetto visivo come un incrocio, o una piazzola di sosta. Sarebbe come sperare che, pur avvicinandoci al ventunesimo secolo, riuscissimo a distogliere lo sguardo dal futuro su cui è fisso[16].

Uno degli aspetti più singolari del lavoro di Mary Miss sono i richiami all'architettura, e in particolare alla fase spesso più emozionante della progettazione, quella in cui l'e-

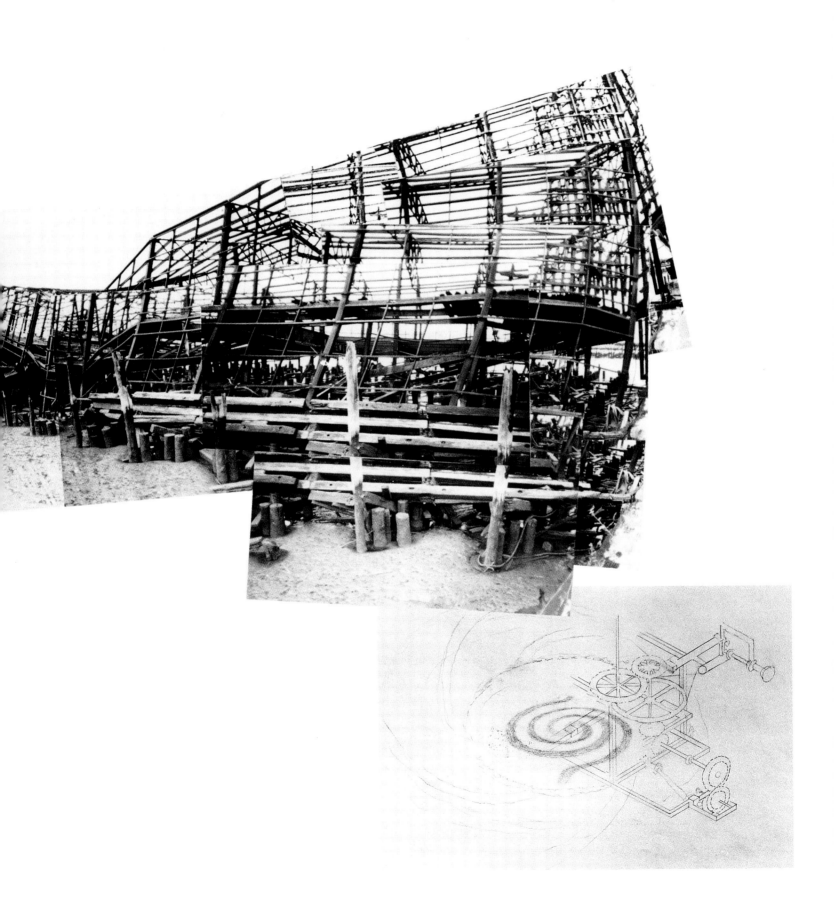

dificio comincia a prendere forma. *Room Fence* (1970), ad esempio, ha un ordine e una ripetizione tipicamente architettonici, ma il cuore del progetto è lo spazio implicato o suggerito, non la struttura in sé. I riferimenti di Miss sono quasi sempre a forme costruite esistenti – giardini, pozzi, tunnel, costruzioni in sito, ponti – e molto spesso a luoghi in cui qualcosa sta per essere costruito. La caratteristica più evidente del suo lavoro è proprio questo essere *in progress*, questo presentarsi come un'infrastruttura che attende di essere completata. Nelle strutture/luoghi che Miss costruisce c'è come un senso di attesa, di curiosità per la funzione cui il luogo sarà destinato.

Miss si richiama ad artisti quali Nancy Holt, Alice Aycock e Richard Fleischner. Ciò che li avvicina è il tentativo di coinvolgere l'osservatore riferendosi a strutture note, in qualche modo cioè chiedendogli di condividere un linguaggio comune.

> Questi artisti [Holt, Fleischner, Adams, Trakas, Aycock e Armajani] sono più interessati al coinvolgimento dell'osservatore nelle strutture che alla mera costruzione di oggetti da guardare. Il loro stile è meno autoritario rispetto a quelli degli scultori che li hanno preceduti; le loro opere non sono più monolitiche, e l'immaginario cui attingono richiamandosi a ponti, cortili o edicole le rende accessibili. La differenza di atteggiamento più importante è che questi artisti cercano di stabilire un dialogo con il pubblico partecipando agli incontri con la cittadinanza e alle sedute delle commissioni di piano, insomma calandosi in situazioni molto pragmatiche. In definitiva, tentando di mettere a punto un linguaggio visivo alla portata di molti[17].

"Una cosa che ho sempre trovato molto emozionante è tentare di connettere il noto con l'ignoto". Questo commento è forse quello che meglio illumina l'atteggiamento di Miss. È in questo spazio, fisico o emotivo che sia, tra il tangibile e il cerebrale che il lavoro si colloca. Il senso di mistero o di inaccessibilità è unito a una giustapposizione di forme quasi duchampiana dove il noto non è mai disgiunto dall'ignoto, o quantomeno dal suggerimento che potrebbe essere altro da ciò che è; mentre l'ignoto potrebbe essere in realtà noto, pur sottraendosi a un'identificazione immediata.

17 Mary Miss, *On a Redefinition of Public Sculpture*, Perspecta 21, 1984, p.68.

Il progetto per il simposio su Alvar Aalto in Finlandia, del 1994, è un perfetto esempio di questa posizione apparentemente ambigua dell'arte di Miss. Nei raggi di terra che si dipartono dalle radici di pini molto alti è disposta una serie di lunghe scanalature foderate di acciaio. Le scanalature sono calibrate da una serie di croci in legno che evocano le travi di un pavimento. Nell'insieme la costruzione, coi suoi piani rialzati di acque ferme, conferisce al suolo della foresta un aspetto stranamente architettonico. Non si può fare a meno di domandarsi se questi bacini pieni d'acqua abbiano uno scopo ben preciso – dovranno raccogliere acqua per l'irrigazione? Saranno abbeveratoi per

qualche specie sconosciuta? La loro lunghezza ha qualcosa a che fare con l'altezza dei tronchi? Sono forse fondazioni di qualcos'altro? La serie di canali si spinge verso i confini della città in lontananza, suggerendo una transizione fra naturale e artificiale.

Il luogo e lo spazio dell'osservatore
Possibilità di interpretazione
Esperienza accumulata

> In che cosa sono diversa da un architetto di paesaggio? L'unica risposta che posso dare è che al centro del mio lavoro c'è l'esperienza diretta dell'osservatore – che tenta di dare al luogo un contenuto emotivo[18].

Chi osserva un oggetto/soggetto può non solo annetterlo al proprio dominio, ma occupare, letteralmente, l'essenza stessa dello spazio creato dall'oggetto. È qualcosa che va molto al di là del cono prospettico al cui interno, nei lavori degli altri minimalisti, è prevista la partecipazione dell'osservatore. L'osservatore, qui, può abitare gli oggetti, una condizione che gli consente di compiere il vero salto, di passare cioè dalla sfera dell'oggetto da *vedere* a quella dell'oggetto da *occupare*, e questo indipendentemente da quanta parte del suo spazio diventi spazio dell'oggetto. Spesso il progetto è un luogo da occupare, da dove è possibile guardare qualcosa di completamente diverso. Questo agone del vedere ha l'effetto di negare lo spazio e l'oggettività della scultura stessa, e di trasformare l'oggetto in uno spazio di transizione, in uno strumento grazie al quale l'osservatore può andare oltre lo spazio/oggetto che ha davanti e spostarsi su un altro piano fisico, mentale o emotivo. *Field Rotation* (1980-81), ad esempio, è una costruzione simile a una fortezza collocata al centro di un campo molto esteso, e che si apre a una quantità indefinita di letture. Per raggiungerla, l'osservatore deve trasformarsi in viaggiatore, e quando l'ha raggiunta si trova davanti a una sorta di santuario, un luogo annidato in una montagnola di terra dalla quale si può guardare il paesaggio al livello del suolo, oppure il cielo. Un luogo che può essere visto come una piattaforma di lancio metaforica dalla quale partire per altri regni. Se quella che è in gioco è l'arte del coinvolgimento, allora qui lo spettatore può scegliere fra il lasciarsi coinvolgere dall'opera oppure trasferirsi in un altro regno, quello dell'immaginazione, che si lascia alle spalle l'oggetto.

È grossomodo quanto ci accade quando occupiamo un'architettura. Com'è noto, un singolo pezzo architettonico può anche essere insolito, o di particolare valore, ma una volta che ci troviamo al suo interno, immersi nelle nostre attività, esso smette di esistere in quanto tale, se non nel nostro inconscio. E se anche ne apprezziamo consape-

18 Intervista con Deborah Navins, cit.

volmente il valore, spesso col pensiero ci trasferiamo in altri ambienti, meno tangibili. Questo ovviamente pone un problema molto singolare, quello dell'ignoranza, assai diffusa, dell'architettura come forma. In parte, essa è dovuta al fatto che siamo stati educati a pretendere forme rassicuranti, che non richiedono una seconda occhiata; ma anche di fronte a qualcosa di diverso tutt'al più ci fermiamo un attimo, giusto il tempo di uno sguardo, e poi riprendiamo la nostra vita. Magari le apprezziamo, ma senza abitarle: ci limitiamo a viverci dentro. A quanto pare, lo stesso fenomeno si ripete con le opere di Mary Miss. Certo, questo può voler dire che hanno raggiunto il loro scopo, che cioè si collocano a metà strada fra la scultura/oggetto e l'architettura/luogo, il che offrirebbe loro la possibilità di presentarsi come un momento eterotopico, un momento cioè in cui possiamo sospendere la lettura/comprensione convenzionale dell'arte e del luogo per dedicarci alla ricerca o lasciarci trasportare su un altro piano semantico o esistenziale, quello dell'immaginazione e della memoria. *Perimeters/Pavilions/Decoys* (1978), un insieme di costruzioni molto astratte sopra e sotto il livello del suolo, allude a un'intelaiatura architettonica, ma se lo si guarda più da vicino è evidente che non ha alcuna funzione specifica. Ancora una volta, siamo di fronte a un oggetto/luogo che ci costringe a contemplare le sue forme e le sue associazioni, non la promessa di architettura.

Un altro fattore da considerare nell'opera di Miss è la situazione di contenimento. A differenza delle costruzioni in bronzo, acciaio e cemento di altri scultori, i suoi oggetti diventano luoghi da abitare. L'osservatore può in sostanza utilizzarne l'interno, anziché limitarsi a girargli intorno restandone sempre su questo o quel lato, ma mai al centro. Nelle opere di Miss l'oggetto, metaforicamente, si disintegra per consentire all'osservatore di penetrarlo, e le forme parlano non solo di masse solide, ma anche di vuoto. In un saggio per lo Yale Architecture Journal, Perspecta 21, intitolato "On a Redefinition of Public Sculpture", Miss ha sostenuto che:

> Se a un artista si chiede di creare una scultura per una comunità, il pubblico in genere si aspetta qualcosa di appena meno solenne della statua della Libertà, o se non altro la statua del generale Tal dei Tali che ricorda di aver visto da bambino nel parco della sua città. "Monumenti", insomma: il pubblico si aspetta il commemorativo (alla lettera) e, se possibile, il maestoso. E questo mentre la scultura è diventata "non-oggettiva" (non può commemorare) e fisicamente è sempre meno visibile dei monumenti di ingegneria del ventesimo secolo.

Se storicamente la scultura ha sempre avuto una valenza commemorativa, il lavoro di Miss insiste sull'associazione. L'opera non fornisce connessioni all'osservatore: gli si chiede di istituirle. È naturalmente la stessa situazione che si è presentata nell'arte col passaggio dal figurativo all'astratto, ma in Miss c'è un aspetto ulteriore, quello della

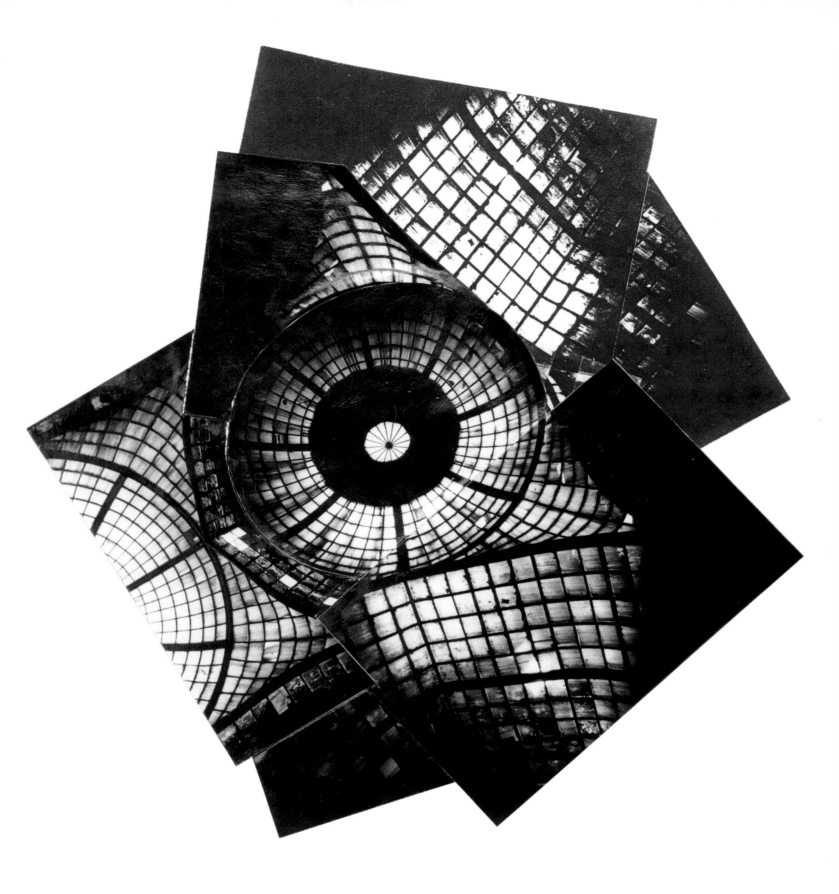

costruzione di un ambiente architettonico che fonda tanto una struttura quanto un senso del luogo. A Miss non interessa tanto la fisicità dell'oggetto compiuto, quanto i ricordi che la sua composizione spaziale può suscitare nell'immaginazione dell'osservatore. Quella che Miss pone all'osservatore è quindi una sorta di sfida di secondo grado: gli chiede di vedere al di là dell'evidenza della forma e del materiale, e di addentrarsi nel regno dell'immaginazione. La forma è relegata a mera valenza associativa, e il ricordo suscitato assume una presenza cerebrale a sé da cui risulta quella che Miss definisce arte del coinvolgimento. È all'interno di questo contesto che lo spazio della memoria riesce a trovare una collocazione nel mondo materiale. Miss richiede coinvolgimento, non confronto, e questo implica uno scetticismo di fondo verso le pretese eroiche della scultura astratta.

Forme e forum dell'immaginagione nella sfera pubblica

> Penso che nel ventesimo secolo siamo stati troppo a lungo sotto il giogo del funzionalismo. Mi interessa molto di più dare a una forma un significato più ampio che limitarla alle sue funzioni: reintrodurre l'importanza di luogo, scala, contenuto, e dare all'individuo punti di accesso a questi elementi[19].

L'affermazione di Miss "mi ostino a voler rappresentare l'esperienza della vita in interni nella sfera pubblica" è supportata dal fatto che il suo lavoro fornisce una cornice con cui guardare oltre ciò che l'artista ha costruito. Il titolo di questo paragrafo definisce con una certa efficacia quattro progetti recenti per contesti urbani o quasi-urbani. Si tratta del padiglione – e dei suoi dintorni – di South Cove a Battery Park City a New York (1984-87), del parco per il Des Moines Art Center (1989-96), della Union Square Subway Station di New York (1993-98) e del progetto per gli impianti sportivi della University of Houston (1996).

La scala comune a tutti e quattro i progetti rivela come l'osservatore sia, ormai, la persona pubblica, lo spettatore casuale non necessariamente in cerca di un'esperienza artistica. Questi luoghi richiamano l'attenzione non su di sé, ma su altri fenomeni nell'ambiente naturale e costruito. Qui gli accorgimenti di cornice diventano letteralmente strumenti attraverso i quali l'osservatore, il pubblico in senso lato, può guardare ciò che ha intorno. È come se l'artista gli stesse fornendo un paio di lenti per apprezzare ciò che già esiste. In un certo senso, i lavori più recenti di Miss si ricollegano alle costruzioni in sito fra gli anni Settanta e i primi anni Ottanta. Allora Miss creava un ambiente sfruttando l'esistente, o richiamandosi a costruzioni esistenti, e quindi incorniciava una veduta in modo che l'immaginazione potesse spaziare oltre; oggi, la stessa operazione viene riproposta in un contesto urbano, ma richiamando l'attenzione su ciò che in genere non viene notato. È un po' come fornire

19 Intervista con Deborah Nevins, cit.

a chi osserva una cornice per guardare ciò che già esiste. In questo senso, la nuova costruzione diventa una specie di scenografia, o, volendo, di guida per vedere oltre. È un'esperienza abbastanza simile a quella che si fa quando si guarda nel mirino di una macchina fotografica e si vedono composizioni che, senza l'ausilio di quello strumento, sarebbero passate del tutto inosservate. Insomma, qui il ruolo dell'artista è guidare l'osservatore, che adesso è, come abbiamo detto, il pubblico, a vedere da solo qualcosa che altrimenti non avrebbe mai visto – i dettagli e le particolarità dell'ambiente naturale e costruito.

Nel progetto per la stazione della metropolitana di Union Square, Miss ha elaborato un sistema di segnali sotto forma di cornici che attraggono l'attenzione sui frammenti della stazione del 1900. Cornici in metallo rosso acceso sono inserite o applicate a varie componenti delle infrastrutture della stazione – muri, colonne, binari, gradini, cartelli. Molte hanno uno spessore in cui sono inseriti pannelli a specchio nei quali si riflettono sia le parti interne del muro sia lo sguardo dei passanti che si fermano a osservare le singolarità del muro. In alcune di queste intersezioni compaiono anche testi scritti. La possibilità di spingere molte persone a fermarsi e a notare questi dettagli richiama l'idea di un forum dell'immaginazione, di un'accumulazione collettiva di domande o di ricordi sulla storia e la struttura della stazione. Ed è l'anticipazione di queste domande e di questi ricordi, unita alla possibilità di vedere in modo casuale e ripetuto i dettagli isolati nel contesto di una grande e convulsa stazione della metropolitana, a rendere l'opera una realizzazione credibile delle intenzioni dell'artista.

Nel progetto per Des Moines un lago preesistente all'interno di un parco urbano è al centro di un'opera che traccia una demarcazione tra il naturale e l'artificiale, e istituisce collegamenti fra acqua e terra. Una passeggiata sulla riva va oltre l'acqua, ma non è immediatamente chiaro se si tratti di una forma naturale o artificiale. In questo caso parrebbe di trovarsi di fronte a una verifica letterale di quanto diceva Heidegger sull'arte che torna alla Terra. Un sentiero secondario scavato nella superficie della terra consente di vedere l'acqua al livello dell'occhio. Sta all'osservatore/pubblico decidere cosa sia nuovo, cosa preesistente e quali associazioni tutto questo susciti.

Nel progetto per la Houston University, Miss lavora in misura ancora maggiore con le condizioni ambientali esistenti, arrivando a incorporare nel lavoro elementi del contesto. Il livello di astrazione è stato rimpiazzato da un certo grado di citazioni dirette di ciò che già esiste. Le sedie, ad esempio, sono introdotte alludendo all'abitudine, diffusa nel quartiere, di mettere le sedie all'aperto. Naturalmente le nuove sedie non sono identiche alle vecchie, ma in realtà ne amplificano la presenza giocando sulle dimensioni. Alcune sono troppo grandi o troppo piccole per potercisi sedere. Le sedie sono lì a ricordare che l'area era un quartiere, e nel tentativo di far filtrare alcune qualità del preesistente nel recinto, altrimenti separato, del campus. Miss ricorda che questi progetti rivelano a fondo la sua concezione del sito:

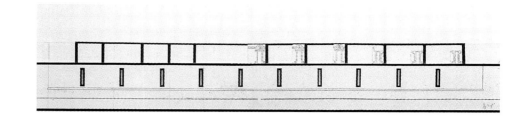

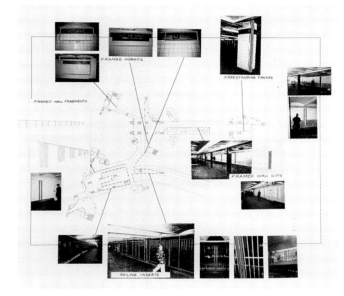

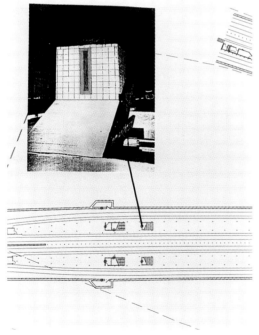

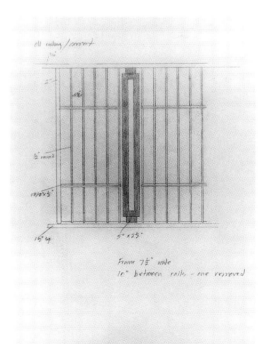

Quando ho cominciato a lavorare a questo progetto, una delle cose che mi ha colpito di più è stato notare fino a che punto l'impianto sportivo si fosse allontanato dal quartiere che lo circondava, oltre che dal resto del campus. La recinzione che correva intorno ai campi da tennis e al diamante del baseball rendeva l'accesso all'università impenetrabile. Allo stesso tempo, si avvertiva la presenza del fantasma delle case abbattute per fare spazio a questo nuovo complesso. C'erano ancora frammenti di strade e curve, e poi alberi e cespugli sparsi un po' dappertutto, che erano quanto rimaneva di case e cortili. Ho passato molto tempo a guardare diversi quartieri di Houston, e la cosa che mi interessava di più erano i cortili, l'uso che se ne faceva. Portici, tettoie coperte di vite, piante in vaso – e, quasi sempre, qualcosa su cui sedersi.

Mentre elaboravo il progetto avevo negli occhi queste immagini, ma ho anche cominciato a pensare al quartiere che circondava il campus, e a cosa aveva senso in quel contesto. La prima idea che ho messo a fuoco è stata quella delle sedie. Ho anche pensato che avrei potuto usare la griglia delle strade come base per sviluppare un sistema di sentieri. E anche se non ne rimaneva molto, ho deciso di riprendere l'idea del cortile, e cioè di costruire aree intorno alle quali avrei piazzato un certo numero di posti a sedere. Ho quindi deciso di mettere le piante in lettiere, anziché in vasi, ma solo per ragioni di manutenzione.

Ho sovrapposto tutte queste fonti e questi riferimenti per ottenere un luogo abbastanza familiare da poter essere avvicinato, e al tempo stesso per fornire all'ingresso del campus e agli impianti sportivi una configurazione del tutto nuova.

Mentre le costruzioni in sito di Miss erano isolate nella natura, accessibili solo a chi lo volesse, i suoi progetti urbani sono diventati parte dell'ambiente preesistente, e aiutano a incorniciare luoghi già costruiti, ma richiamando l'attenzione su ciò che prima passava inosservato. Qui l'opera sfrutta le condizioni costantemente mutevoli dell'ambiente che ridisegna per mantenerlo attivo. L'osservatore non si ritrova più nello spazio creato dall'oggetto, che è ormai troppo grande, e troppo fluttuante, per consentire al vecchio impianto teatrale della galleria di definire la presenza dell'osservatore o dell'opera. Tanto l'uno quanto l'altra diventano parte di un soggetto molto più vasto – la vita quotidiana – di cui ora all'osservatore viene offerta l'opportunità di esaminare casualmente, e a distanza ravvicinata, alcuni dettagli. Eventi e

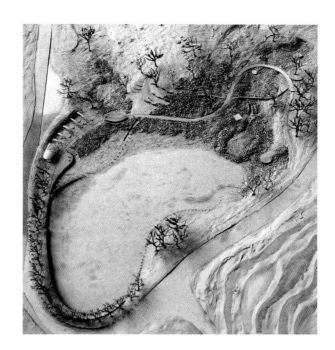

luoghi della vita quotidiana sono in perenne trasformazione, e il nuovo contesto ha con il precedente lo stesso rapporto che intercorre fra immagini fisse e immagini in movimento. Così come ci vogliono centinaia di immagini fisse per creare una scena in movimento, ci vogliono centinaia di sguardi inconsci per creae una veduta in movimento. In questo scenario, che non può esistere senza la partecipazione spontanea e continua di centinaia di occhi inquisitori, il casuale e l'anonimo diventano fondamentali.

In conclusione, abbiamo visto il lavoro di Miss passare dalla progettazione di oggetti funzionalmente ambigui a quella di costruzioni in sito che creavano luoghi in cui l'immaginazione potesse lavorare, per approdare a un'abile presentazione dell'ambiente, che consente allo spettatore di vedere quello che forse non aveva mai percepito prima. In tutti i casi, Miss ha cercato di costruire luoghi in cui la gente potesse vedere di più di ciò che immaginava di poter vedere, e mettere in questione i confini che in genere si danno per scontati. Ma oggi il contesto di un sito non è più solo il punto di partenza del lavoro, ma anche il tema di una riflessione in grado di trasformare il noto in ignoto.

Luoghi costruiti

Grate, 1966
Legno e acciaio
cm 30,48 x 10,16 x 121,92
Brown University Department of Art
Providence, Rhode Island

*Questo pezzo molto massiccio, che potrebbe
essere una scatola, una cornice, o una botola,
è uno dei primi lavori di Miss, e rivela il suo
interesse per i materiali e gli objets trouvés.*

Senza titolo, 1973
Legno
m 2,13 x 0,76
Allen Memorial Art Museum
Oberlin, Ohio
(Installazione permanente dal 1975)

*Questa costruzione in sito, un fragile graticcio
in legno posato a copertura di un pozzo, costringe
l'osservatore a interrogarsi sui concetti di confine
e di profondità della terra.*

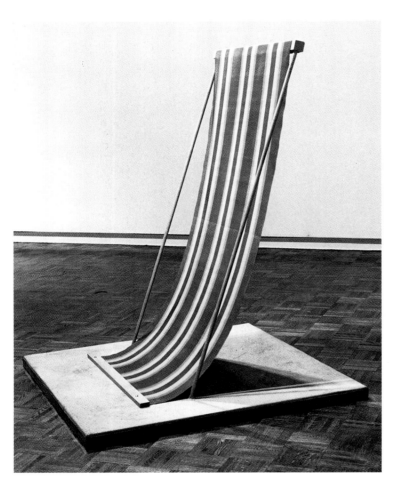

Awning, 1966
Tela, legno, cemento, acciaio.
m 1,82 x 1,21 x 1,52

*La curvatura ambigua della tela fa pensare sia
a una tenda da appartamento che a una poltrona
da transatlantico.*

Senza titolo, 1967
Legno e acciaio
m 3,65 x 0,91

*Ad essere messi in discussione
sono qui struttura, superficie e scopo.*

Filter, 1967
Tubo in acciaio, alluminio e rete
m 3,65 x 1,52

*Anche questo lavoro risale agli esordi dell'artista.
È una sorta di esperimento sulla trasparenza
e la leggerezza, reso possibile dall'uso di un
materiale etereo.*

Stakes and Ropes, 1968
I pali misurano cm 2,54 x 5,08,
e sono alti m 2,13.
Coprono un'area di m 15,24 x 22,85
Colorado Springs, Colorado and Baltimore,
Maryland

*Realizzato con materiali di leggerezza
e semplicità disarmanti questo progetto
è uno dei primi in cui Miss ha tentato
di imprimere un segno sullo spazio esterno.*

Window in the Hill, 1968
Foglio di plastica e assi in legno
m 9,14 x 2,43
Colorado Springs, Colorado

*Un segno sulla superficie del terreno
eseguito con un materiale artificiale
e increspato a suggerire l'occupazione
del territorio.*

Ropes/Shore, 1969
Picchetti in legno e fune
Lunghezza km 2,413
Ward's Island, New York

*Le funi tese tra un picchetto e l'altro
calibrano un tratto di sponda dell'East River.*

Senza titolo, 1969
Legno e fune
m 4,57 x 7,62

Questo pezzo, che consiste in una serie
di funi lasche sospese fra due assi, connota
al tempo stesso funzione e demarcazione.

Knots in a Room, 1969
Fune

*La griglia di nodi sul pavimento
mette in questione superficie,
profondità e volume della stanza.*

Room Fence, 1970
Legno

*La sola presenza delle tavole di legno
in una cantina confonde la percezione
creando l'illusione di uno spazio esterno.*

Hurdles and Ladders, 1970
Legno e fune
m 1,06 x 1,21 x 6,09
(foto Max Protech Gallery)

Senza titolo, 1971
Legno
m 1,06 x 6,40

Senza titolo, 1973
Legno
m 3,65 x 1,82 a intervalli di 15 metri
Battery Park City Landfill
New York

*Questa sequenza di barrriere forate in legno,
collocata a un'estremità di Manhattan,
evocava la natura incerta di quel terreno
abbandonato.*

Sunken Pool, 1974
Legno, acciaio, acqua
m 3,96 all'interno, 3,04 all'esterno,
6,09 di diametro
Greenwich, Connecticut

*Questo progetto, un cilindro d'acciaio
con un'apertura su un fianco,
ricorda la struttura di un'opera
ancora da costruire.*

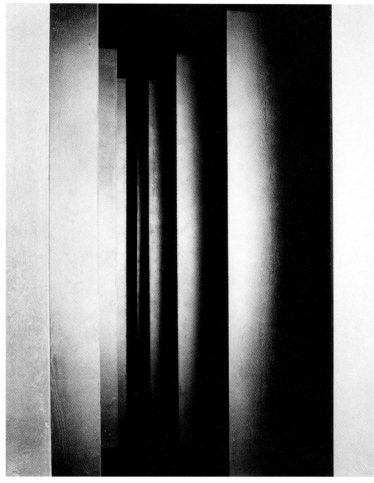

Senza titolo, 1976
Legno, vernice, carta
m 2,28 x 2,89 x 1,98
Museum of Modern Art
New York

*Una serie di pannelli di legno va a formare
una specie di grande scatola; la struttura
presenta ambiguità percettive e funzionali.*

Sapping, 1975
Legno, acciaio, vernice
m 1,82 x 0,91 x 6,09

*Questa struttura allude simultaneamente
alla chiusura, al restare seduti e al guardare.*

Blind Set, 1976
Acciaio, cemento, roccia frantumata
m 42,67 x 2,43 di profondità
Artpark
Lewiston, New York

*Il progetto, uno dei più iconici dell'artista,
si articola su molte scale diverse: può essere
infatti osservato dall'alto, a livello dello sguardo,
oppure a livello del suolo. La sua forma ha una
qualità universale che lo colloca nella sfera
dell'atemporale.*

Senza titolo, 1977
Legno
m 2,74 x 2,89 x 0,30
Guggenheim Museum
New York

*Un alone di mistero circonda
questa scatola/porta/schermo/paratia,
che evoca la grata di un confessionale
o la botola di una segreta.*

Falsework: Screen, 1980
Legno e rete metallica
m 2,74 x 2,58 x 6,70

*Tre piattaforme inclinate puntano verso
uno schermo. La composizione definisce
lo spazio all'interno della stanza.*

Perimeters/Pavilions/Decoys, 1978
La torre più alta misura m 5,48.
L'apertura del pozzo misura m² 4,8;
la parte sotto il livello del suolo m² 12,19
Nassau County Museum
Roslyn, New York

*Lavorando sul principio fondamentale
dell'inversione, Miss ha costruito una torre
e un pozzo. La torre, alta quasi sei metri,
si presenta come l'impalcatura di un edificio,
con i suoi pali e le sue piattaforme. Il pozzo,
non segnato, si allarga sotto il livello del suolo
suggerendo una specie di cortile sotterraneo
con ambulacro.*

Perimeters/Pavilions/Decoys, 1978
Nassau County Museum
Roslyn, New York

Screened Court, 1979
Legno e rete metallica
m 3,20 x 9,14
Brown University Department of Art
Providence, Rhode Island

*I vari oggetti raccolti nella stanza
sono disposti a formare un labirinto.
Testure, forme e orientamento presentano,
in un ordine che li confonde, i concetti
di sequenza, rifugio e destinazione.*

Veiled Landcape, 1979
Particolare: parete in grata di legno
m 6,096 x 1,8288 x 18,288
Lake Placid, New York

Veiled Landcape, 1979
Particolare: cortina di pali
Altezza m 9,144; larghezza m 18,288
Lake Placid, New York

Veiled Landcape, 1979
Legno e rete metallica
Lunghezza complessiva m 121,92
XII Winter Olympics
Lake Placid, New York

*Questo progetto si può considerare
una veduta paesaggistica a tre dimensioni.
Non soltanto, infatti, inquadra il paesaggio
in lontananza, ma ne imprigiona alcuni
segmenti nei riquadri della sua griglia,
astraendoli in una testura di cielo e fogliame.
La veduta, che questa costruzione include
ed esclude dalla cornice, diventa parte
del progetto, mentre gli ostacoli immediati
dei pali, della rete metallica e del graticcio
cubico richiamano l'attenzione sulla natura
dei materiali e sui materiali della natura.*

Staged Gates, 1979
Legno
m 15,24 x 3,65 (altezza) x 36,57 (profondità)
Hills and Dales Park
Dayton, Ohio
(foto Susan Zurcher)

*Queste barriere di tavole di legno montate
in un bosco, che ricordano una fortezza,
offrono una sequenza onirica di aperture
e chiusure.*

Field Rotation, 1980-81
Legno, acciaio, ghiaia, terra
Su un appezzamento di circa 20 km²,
l'intervento misura circa 18 m²
per una profondità di m 2,13.
Governor's State University
Park Forest South, Illinois

*Fornendo un contesto a un campo altrimenti
piatto e vuoto, Miss ha letteralmente trasformato
la terra in un punto di tensione. Al centro,
una piattaforma presenta un insieme di terrazze
in legno sovrapposte dalle quali si può guardare
il paesaggio circostante. Le file di pali in legno
che conducono al centro suggeriscono la presenza
di qualcosa di nascosto fino a quel momento,
ma ricordano al tempo stesso le linee di confine,
del tutto familiari, dei ranch.*

Field Rotation, 1980-81
Governor's State University
Park Forest South, Illinois

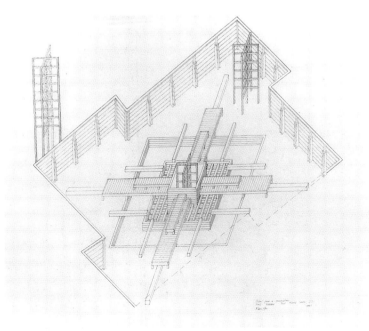

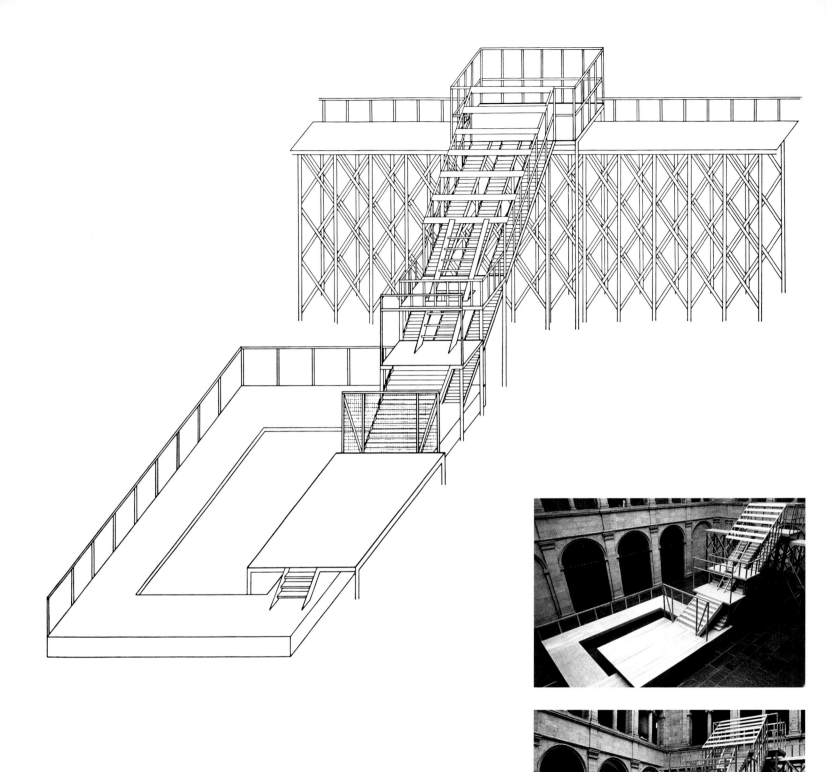

Mirror Way, 1980
Legno e rete metallica
m 12,80 x 6,09 x 9,75
Fogg Museum
Harvard University
Cambridge, Massachusetts

*Questa profusione di rampe e piattaforme
che riempie il cortile neorinascimentale
del Fogg Museum mette a fuoco le questioni
della sezione e della salita della struttura,
della decorazione e dello spazio prospettico.*

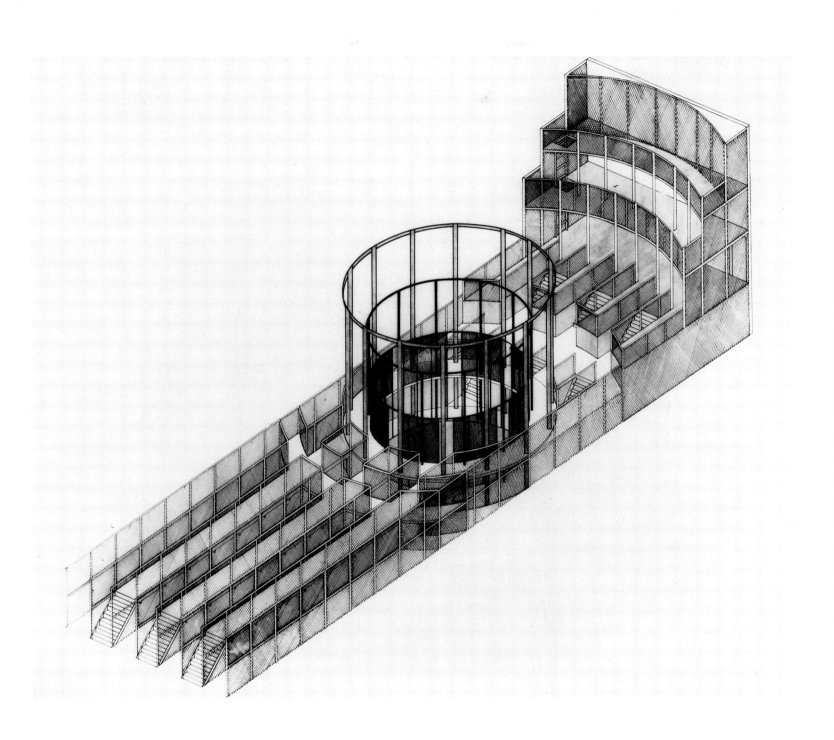

42nd Street Project, 1981
Proposta per una struttura in cemento,
legno, acciaio, rete metallica, acqua,
su un'area di m 6,09 x 24,38
Modello e disegno
New York

Questo progetto, non realizzato,
per una piccola area urbana
insiste sulla ripetizione, il parallelismo,
la centralità e il rapporto vuoto/pieno.

Pool Complex: Orchard Valley, 1982-85
Legno, pietra, cemento
Su un'area di circa 12.000 m²
Laumeier Sculpture Park
St.Louis, Missouri

Incorporando i resti di una vecchia piscina,
un luogo costituito da una sequenza di passerelle,
piattaforme, pergole e posti di osservazione.

Pool Complex: Orchard Valley, 1982-85
Laumeier Sculpture Park
St.Louis, Missouri

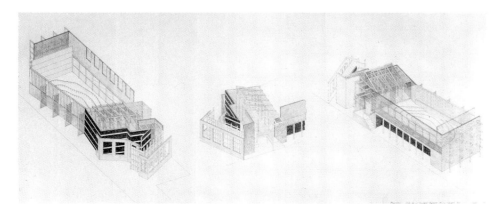

Study for a Court Yard:
Approach to a Stepped Pool, 1983
Legno, vernice, rete metallica, sabbia.
m 4,26 x 6,09 x 15,24
Institute of Contemporary Art
Londra

*Questo progetto in interni, con la sua impalcatura,
le sue scale provvisorie e le aperture per le
finestre richiama le fasi iniziali della costruzione
di un edificio. I contorni scoscesi della piscina
suggeriscono che lo spazio evocato è anche
quello esterno.*

Arrivals and Departures:
100 Doors, 1986
Legno, vetro, specchio, vernice
m 2,89 x 0,45 x 6,70
Dallas Museum
Dallas, Texas

*Insistendo sulla ripetizione, e su infinite
soluzioni compositive, questa serie di porte
dentro porte gioca su scala e geometria,
e trasferisce su un piano astratto le nozioni
di entrata e uscita.*

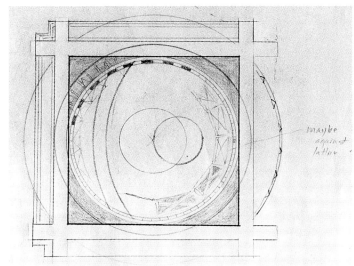

maybe
against
lattice

Study for an Entry, 1986
Legno, carta, rame, specchio
m 3,65 x 3,65 x 4,26
Danforth Museum
Framingham, Massachusetts

*Ricorrendo alla geometria del cerchio
e del quadrato, questo insieme
di specchi, cornici e mattonelle allestisce
un campo virtuale di energia verticale
nell'atrio di un piccolo museo.*

Senza Titolo, 1987-91
Acciaio, cemento, erba
m 9,14 x 30,48 x 42,67
Cortile Centrale
Albright College Center for the Arts
Reading, Pennsylvania
(In collaborazione con l'architetto Adele Santos)

Bedford Square, 1986
Legno, pietra, acciaio, rete metallica, vernice
m 12,19 (diametro) x 3,48 (altezza)
Architectural Association
Londra
(foto Helene Binet)

Costruiti di fronte alla sede dell'Ordine
degli architetti, questi due dischi
che si intersecano sono un commento
all'impenetrabile parco ovale
di Bedford Square, e un'indagine
sulla tangibilità dei materiali.

South Cove, 1984-87
Su un'area di circa 10 km²
Battery Park City, New York
(in collaborazione con l'architetto
Stanton Eckstut e l'architetto
di paesaggio Susan Child)

Il progetto di questo parco riprende
sia la curva della riva naturale che le banchine
rigide del porto industriale, e offre l'opportunità
di guardare il fiume davanti a sé, ma anche
la città alle proprie spalle. Il luogo è composto
da sassi, tavole di legno, binari di ferro e cespugli.

South Cove, 1984-87
Battery Park City
New York
(in collaborazione con l'architetto
Stanton Eckstut e l'architetto
di paesaggio Susan Child)

University Hospital Project, 1986-90
Legno, acciaio, cemento, acqua
Su un'area di circa 4 km²
Seattle, Washington

*Un sereno mosaico di piccoli specchi d'acqua
incorniciato da un insieme di ringhiere
di rete metallica. Si può osservare sia dall'alto
che dal livello del suolo.*

Jyvaskyla Project, 1994
Legno, acciaio, acqua, terra, alberi
Condotti d'acciaio: m 4,57 x 12,19
Su un'area di circa 8 km²
Jyvaskyla, Finlandia

*Costruiti in occasione di un simposio
su Alvar Aalto, questi bacini ancorati alla base
di alti pini e affondanti nelle pieghe del suolo
raccolgono l'acqua piovana e formano piscine
naturali che riflettono la luce, e al tempo stesso
sottolineano la linearità degli alberi cui sono legati.*

Jyvaskyla Project, 1994
Jyvaskyla, Finlandia

Mary Miss

Nata a New York nel 1944, deve la sua fama essenzialmente alle costruzioni in esterni,
che hanno una forte connotazione architettonica. Da trent'anni lavora a progetti che mettono
in questione gli assetti spaziali comunemente accettati, la forma costruita e la comprensione
del luogo. Dopo aver studiato scultura al Maryland Art Institute di Baltimora fra il 1966 e il
1968 e alla University of California di Santa Barbara, Miss ha completato la sua formazione
viaggiando a lungo in America. Da queste esperienze è nato il suo interesse per i luoghi –
ranch, città abbandonate – in cui sono ancora leggibili le tracce di un passato e di un uso,
più o meno recenti. Miss continua a viaggiare in tutto il mondo, e a redigere con appunti,
schizzi e fotografie una sua personalissima documentazione su tutti quei luoghi – fortezze,
giardini, cimiteri, scavi, antiche rovine, ponti crollati, pozzi in disuso, cave – che sono,
o diventeranno, un costante riferimento del suo lavoro.

Oltre a un certo numero di pezzi per le gallerie, Miss ha progettato e costruito più di trenta
progetti in esterni, molti dei quali sono diventati installazioni permanenti in parchi urbani,
spazi espositivi all'aperto, campus e musei. Ha partecipato, quasi agli esordi della carriera,
alla Biennale del Withney, e da allora in poi a moltissime collettive in tutto il mondo.

Fra le oltre quindici mostre personali che le sono state dedicate segnaliamo le installazioni
e le mostre del MOMA nel 1976, del Fogg Art Museum della Harvard University nel 1980,
dell'Institute for Contemporary Art di Londra nel 1983 e, ancora a Londra, dell'Architectural
Association nel 1987. Suoi lavori sono apparsi su *Lotus international, Casabella, Perspecta
(Yale Architecture Journal)* e *The Princeton Journal.*

Miss ha conseguito moltissimi premi e riconoscimenti nel campo della progettazione urbana,
architettonica e di paesaggio, tra i quali vanno ricordati la Guggenheim Fellowship,
accordatale nel 1986, l'American Institute of Architects Medal of Honor del 1990, le borse
di studio del National Endowment for the Arts del 1974, 1975 e 1984, e l'anno trascorso,
nel 1989, all'American Academy di Roma, di cui oggi è membro del Board of Directors.

Nel 1991 è stata Davenport Visiting Professor alla Yale University School of Architecture;
ha insegnato in importanti scuole di New York, come la Cooper Union, la Pratt, la Parsons,
la School of Visual Arts, l'Hunter College e il Sarah Lawrence College.

Ha tenuto lezioni e conferenze sul suo lavoro in tutto il mondo. È spesso membro di giurie
internazionali, e partecipa a numerosi convegni connessi, da diverse prospettive, all'ambiente
fisico. Vive e lavora a New York.

Opere

Grate, Brown University Department of Art, Providence, Rhode Island, 1966
Senza titolo, Allen Memorial Art Museum, Oberlin, Ohio, 1973
Awning, 1966
Senza titolo, 1967
Filter, 1967
Stakes and Ropes, Colorado Springs, Colorado and Baltimore, Maryland, 1968
Window in the Hill, Colorado Springs, Colorado, 1968
Ropes/Shore, Ward's Island, New York, 1969
Senza titolo, 1969
Knots in a Room, 1969
Room Fence, 1970
Hurdles and Ladders, 1970
Senza titolo, 1971
Senza titolo, Battery Park City Landfill, New York, 1973
Sunken Pool, Greenwich, Connecticut, 1974
Sapping, 1975
Senza titolo, Museum of Modern Art, New York, 1976
Blind Set, Artpark, Lewiston, New York, 1976
Senza titolo, Guggenheim Museum, New York, 1977
Falsework: Screen, Max Protech Gallery, New York, 1980
Perimeters/Pavilions/Decoys, Nassau County Museum, Roslyn, New York, 1978
Screened Court, Brown University Department of Art, Providence, Rhode Island, 1979
Veiled Landscape, XII Winter Olympics, Lake Placid, New York, 1979
Staged Gates, Hills and Dales Park, Dayton, Ohio, 1979
Field Rotation, Governor's State University, Park Forest South, Illinois, 1980-81
Mirror Way, Fogg Museum, Harvard University, Cambridge, Massachusetts, 1980
42nd Street Project, New York, 1981
Pool Complex: Orchard Valley, Laumeier Sculpture Park, St. Louis, Missouri, 1982-85
Study for a Courtyard: Approach to a Stepped Pool, Inst. of Contemporary Art, Londra, 1983
Arrivals and Departures: 100 Doors, Dallas Museum, Dallas, Texas, 1986
Study for an Entry, Danforth Museum, Framingham, Massachusetts, 1986
Senza titolo, Cortile centrale, Albright College for the Arts, Reading, Pennsylvania
(in collaborazione con l'architetto Adele Santos) 1987-91
Bedford Square, Architectural Association, Londra, 1986
South Cove, Battery Park City, New York (in collaborazione con l'architetto Stanton Eckstut
e l'architetto di paesaggio Susan Child) 1984-87
University Hospital Project, Seattle, Washington, 1986-90
Jyvaskyla Project, Jyvaskyla, Finlandia, 1994

Des Moines Art Center, Des Moines, Iowa (in corso)
14th Street Union Square Subway Station, New York (in corso)
University of Houston, Houston, Texas (in corso)

Finito di stampare
presso G. Canale & C. - Arese (MI)
con la supervisione dell'Ufficio Tecnico
delle Arti Grafiche Motta
nel mese di ottobre 1996